NEW YORK POST

Bud
Su Doku

NEW YORK POST

Bud

Su Doku

150 Difficult Puzzles

Compiled by sudokusolver.com

wm

WILLIAM MORROW
An Imprint of HarperCollins*Publishers*

ISBN 978-0-06-226563-0

HB 03.18.2019

All puzzles supplied by Lydia Ade and Noah Hearle of sudokusolver.com

Book design by Susie Bell, www.f-12.co.uk

Contents

Introduction   vii

Puzzles

Solutions

Contents

Introduction vii

Puzzles

Solutions

Introduction

Su Doku is a highly addictive puzzle that is always solvable using logic. It has a single rule – complete each Su Doku puzzle by entering the numbers 1 to 9 once in each row, column and 3×3 block.

Many Su Doku puzzles can be solved by using just one solving technique. In the Difficult rated Su Doku puzzle in Fig. 1, look to see where the 2 can be placed in the top right block (highlighted). All squares except one are eliminated by the 2s in the first and third rows and the 2 in the eighth column, leaving only one possible square in which the 2 can be placed.

Fig. 1

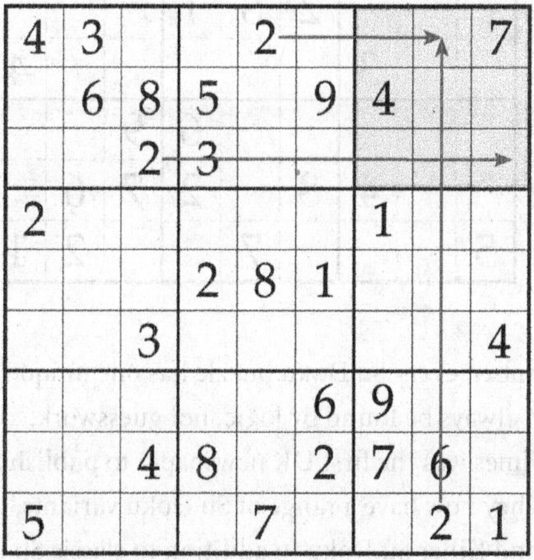

4	3			2				7
	6	8	5		9	4		
		2	3					
2						1		
		2	8	1				
	3							4
					6	9		
	4	8		2	7	6		
5			7				2	1

You can apply the same technique to place a number in a row or column.

In the puzzle below, you will need a slightly harder technique that requires pencil marks. Pencil marks are small numbers, usually written at the top of each unsolved square, listing all the possible values for that square. In the second row, mark in all the pencil marks for this row (Fig. 2). One square contains only the 1 pencil mark and can now be solved.

Fig. 2

4	3			2				7
	6	8	5		9	4		2
		2	3					
2						1		
			2	8	1			
		3						4
					6	9		
		4	8		2	7	6	
5				7			2	1

Remember, every Su Doku puzzle has one unique solution, which can always be found by logic, not guesswork.

The Times was the first UK newspaper to publish Su Doku in 2004. They now have a range of Su Doku variants, with Mini, Samurai and Killer Su Doku in addition to classic Su Doku. You can find details on more complex solving techniques and generate Su Doku puzzles at www.sudokusolver.com.

Puzzles

Puzzles

1

	1		9	5				2
4	6				1			
		3	7			1		
3		9					2	
2				8				4
	4					8		7
		2			9	4		
			8				5	6
7				4	5		1	

Bud

2

		6	2				9	
	2		5					6
1		4		6				
2	5		8		4			
		8				7		
			6		1		8	4
				3		9		5
9					5		2	
	7				9	6		

Su Doku

3

1	9						2	7
5		7		8				9
					2		5	
		3		1				
	1		7		3		8	
				6		9		
	5		8					
7				2		8		1
9	8						4	2

4

			4	1				
		4			7	6		
	7	3		8		9	1	
	3							7
7		5		6		1		3
2							5	
	5	1		2		3	9	
		8	6			2		
				9	3			

5

		7				9		
	8				2		7	
2			7	8				4
	9		4		7	8		
		5		2		4		
		3	9		5		6	
1				4	3			8
	3		2				4	
		6				7		

6

			6	4				2
	6			7	2			3
		8				5		
							3	5
			4	5	9			
2	9							
		1				2		
5			8	2			7	
7				3	4			

7

8				4		2	5	6
5			7					
3				6	5			
		5	8		1		3	
2		8				1		9
	3		6		7	5		
			5	7				3
					6			7
7	4	6		3				5

Bud

8

							7	
2			8		1			
4	5				2	8		
8	9			5		3		6
6		7		2			5	4
		4	3				9	5
			5		4			2
	8							

9

	9					3	8		
				6		9		7
7	1				8			
4		9	3		2			
	5						6	
			6		7	2		5
			8				9	2
5		6		1				
		3	7				5	

Bud

		5			9			
	9		8		2		7	
6		1				8		
	4		5	2			9	8
			4		1			
5	1			8	3		6	
		8				6		2
	6		7		8		3	
			2			4		

					5		7	
	2		9			5	8	6
		3		6			4	
	4		3					8
		5				7		
7					9		1	
	1			9		4		
6	5	7			1		2	
	8		2					

Bud

	3					4		6
2		4			1		5	
5						9		
				8			2	1
		9				5		
1	2			6				
		7						8
	5		9			1		4
9		1					3	

Su Doku

13

		6			2	4		
			1	3				
3		4			7	9		2
9		3					4	
	6						5	
	8					1		3
1		2	7			8		9
				2	3			
		7	9			3		

5						1	4	6
7				4	6			
9					5			
	6	8		7				
	3		8		2		7	
				3		6	8	
			6					1
			4	1				5
3	5	1						7

Su Doku

	5			8		9	6	
9			3		7			
						1		4
7	8			3		5		
			1		6			
		9		4			3	2
4		2						
			2		3			1
	1	8		5			2	

3		1	4	7				
		8	9					
7	5			2		6		
8	6							
5		7				8		2
							3	6
		5		3			4	7
					2	5		
				5	1	3		8

17

8				5	3			7
6			2			8		3
								2
	7		1			9		
1	9			7			3	6
		3			5		2	
7								
9		8			7			4
3			5	6				9

Bud

	3			2			5	
6	2		5		9		3	7
5			9		8			1
		4				6		
3			1		4			8
8	1		7		6		4	2
	6			5		8		

Su Doku

		9						5
	5			4		7		
8		2		6	5		4	
				3	8	4		
	8	7	4		1	6	9	
		4	6	7				
	1		2	9		3		4
		5		1			6	
6						8		

Bud

5			4			1	2	
			6		2			
		4	1			5	6	
6						2		
4		8				3		9
		2						6
	3	7			4	6		
			2		1			
	9	5			8			4

		6	5			2		
			9	6		1	3	
					7		6	
3			2					4
	4						2	
2					8			6
	5		4					
	8	3		7	9			
		7			6	8		

Bud

4						3		9
		3	4	8	9			
1					3		2	
	6	5		4			3	
	1		3		5		4	
	3			1		9	7	
	4		7					3
			6	9	4	1		
5		9						4

Su Doku

	4			9		6		
					6			4
5		6	1		8	7		
	5	8				3		
2								8
		3				4	1	
		4	2		3	5		6
6			5					
		5		7			2	

	5	1						
		2		1				5
			6		3		8	2
		7		4		8		
	3		7		5		1	
		9		6		2		
7	9		1		4			
1				9		6		
						9	4	

1						7	3	
			5			1		6
		4	9			8	5	2
	6	9	2		8			
			4		5	9	6	
3	9	1			6	2		
8		6			4			
	4	2						1

Bud

		4		3			9	
		3			8		7	1
7		8				5		
					9			5
	7		3		5		6	
2			7					
		7				3		2
4	1		2			6		
	3			9		1		

5	6		3		2	1		7
2								
			9	5				6
1		2	8					3
		6				7		
9					6	8		1
3				2	7			
								8
4		1	6		9		3	2

5			7					
	3	2		8				4
		6						3
3		1	8		5	2		
		4	2		9	5		
		5	1		6	3		8
1						4		
2				9		8	1	
					7			5

29

2								6
	6	3	4		9	5	1	
				7				
7		9		5		1		3
5		1				6		2
6		2		8		7		4
				6				
	7	6	2		5	9	3	
3								1

Bud

1							4	2
2			5			6		
	7	5	6			3		
			2		5	8	3	
	2	7	8		9			
		1			2	4	8	
		2			6			7
8	5							3

	5	8				2		
					2			4
4			7	3				6
	8		6		9	1		
		6				9		
		5	2		1		7	
3				1	7			8
5			4					
		7				4	6	

			8	9				5
		5	2		3			1
		8		5		4		
3			4					2
		7				1		
5					9			3
		3		4		6		
7			3		8	9		
4				7	2			

		3	5		8	7		
8	7			9			5	6
5				4				1
	5		1		2		8	
	3		9		5		1	
9				2				3
3	6			1			4	2
		4	6		3	9		

	5		1	7	3		4	
1				4				9
			5					
2			3		4	1		8
4	6			8			9	5
8		1	7		5			4
					6			
5				3				1
	4		9	1	7		2	

Su Doku

		1	3					6
				1		7	5	
8				7		3	4	
4			1					
	5	8		4		1	9	
					5			8
	8	7		2				4
	4	9		8				
5					1	2		

4		1				7		9
	9		1		4		8	
				6				
5		8		2		3		7
2			5		1			8
6		9		7		2		4
				9				
	8		3		7		2	
9		5				8		3

		3			6	5		9
5							2	7
					5	3	8	
	5				8	9		
	8	2				4	6	
		6	2				3	
	2	8	9					
7	9							6
6		5	4			7		

Bud

	1						6	8
8	4	2	5					1
	6	7		8				
	7		6		5			
		1				6		
			1		7		9	
				2		3	8	
3					8	1	4	7
7	8						2	

		3	4			8	5	
8		4	9	5				
	7						6	4
4				3				
6			2		7			3
				9				8
7	9						8	
				8	9	5		2
	8	5			4	7		

Bud

1					9			
4			8	5			6	
8			4			9		3
				2			1	
2		3				5		4
	1			4				
3		7			4			8
	2			7	6			5
			3					6

Su Doku

		9		2		6		
	8		6	9	1		2	
			8		3			
2	6			5			1	4
		8				7		
3	1			8			6	5
			5		2			
	4		7	3	8		5	
		5		4		3		

Bud

			3			7	1	
4								
3		5		9	8	2		
		6		8				1
		1	4		9	5		
8				5		9		
		4	5	3		6		7
								3
	3	2			1			

	2				7	4		
					8	1	5	7
				4	3			
	5					6		9
7		1				3		8
9		4					1	
			4	8				
4	8	6	1					
		2	3				6	

	8	2		1	6		7	5
	5		8					
				9	7			
3	2							7
	6	5				1	4	
7							2	9
			2	6				
					8		5	
2	3		7	4		8	9	

2		9		3	8			1
	4					3	9	
	6		2					8
7						5		
6				8				7
		5						3
4					2		3	
	7	1					4	
3			7	4		1		6

1							7	
		4			1	9		6
	8	9				5	2	
			6	2			5	
			9	3	8			
	7			1	5			
	2	5				7	1	
8		3	7			2		
	4							8

7		5			2			3
		8	4				1	
1	9	6						
	1		3		8			9
				9				
8			1		7		2	
						6	5	8
	8				9	1		
6			5			2		4

				7	8			
	5	1				3	4	
	6	4		1		7	9	
4			7		9			
6		2				9		5
			6		5			4
	2	7		3		8	6	
	8	6				4	1	
			8	6				

	5				9		7	8
6	1		5	7			2	3
		9						
	8		9					6
	3			8			5	
5					3		9	
						4		
3	6			9	5		8	7
2	9		7				3	

4			9			6		2
	6			8	4		1	
1								
	8			3				6
	9		7		8		4	
6				1			5	
								5
	3		8	5			2	
2		5			3			8

Su Doku

		4		9				
	9	8		7	1		2	
							8	9
	6		7		5			
4	5						7	6
			8		3		1	
1	7							
	4		6	8		2	9	
				1		6		

	4	3	1			6		
	1	2		7	6			
7	6					4		
6					5	1		
				6				
		4	8					9
		7					2	3
			3	9		7	1	
		6			2	9	5	

2		5				8		
					1	2		7
			4		2		9	
					6		7	
6			1	3	5			8
	1		7					
	4		8		3			
7		8	2					
		2				7		5

Bud

		8		9	6	3		
	6			8			4	
7					3			9
5		9						
8	7						1	6
						4		2
1			6					4
	3			4			9	
		4	3	1		7		

			1		7	8	3	
7	4				2		1	
3					8			
6	3	7						8
1						9	6	3
			7					5
	2		8				7	9
	7	1	4		6			

Bud

	4	9					5	
2				3	9			4
		7				9		1
	1			2				
	3		1	6	5		9	
				9			3	
7		3				8		
6			9	8				7
	8					3	4	

					9		5	3
		1	8	3				
		5				4		
5				1		6		
6		9	7		8	5		1
		7		9				4
		3				2		
				7	4	8		
1	8		9					

	8		5		9			
								1
5		2			4		9	
		1			3		8	9
		8	9		7	4		
3	5		2			1		
	4		3			9		6
7								
			8		6		4	

3		1		2		5		
	4		1			3		
6							8	
2				8				3
	6		2		3		1	
9				6				7
	5							8
		2			5		3	
		7		1		6		5

Bud

4	7			1	8			6
8					5			
						7	1	
		4			7	5		3
7								4
2		3	6			8		
	4	8						
			9					5
5			4	8			7	9

61

		2	6			4	9	
	3	7						6
4					3			
2					6	9		8
	1						4	
3		4	7					2
			9					4
5						3	2	
	4	6			7	5		

Bud

2	8	6			3			4
								9
		5		7	4	3		2
6		8	1		2			
		2				8		
			8		9	2		6
1		4	3	2		6		
8								
3			4			1	2	5

Su Doku

63

		9	8	6				
		7		4			1	8
					7			
		8	6		5	1	3	
	9						5	
	1	5	3		9	2		
			7					
6	4			9		7		
				2	4	3		

	4		5			3		9
2							1	
	7		2	3		4		
			9		4			2
	2	7				9	4	
6			1		8			
		1		9	2		7	
	5							3
7		2			3		9	

Su Doku

65

7		2	9		5	8		
		6				4		7
1				6				2
3					4		6	
	7		6					8
2				1				4
6		8				7		
		3	8		6	9		5

Bud

66

2		8		1		3		4
				3	9			
5				7				6
	8							
3	6	7				9	5	8
							4	
1				8				5
			4	6				
8		9		2		6		1

67

	3							
		7	3			5		1
	4			2	6		7	
		2		6			4	
		6	4		9	7		
	5			7		8		
	6		7	1			2	
7		5			4	9		
							8	

Bud

1			9			2		3
4								
			1		2		4	9
		6		1			9	
7			6		4			8
	1			2		5		
2	3		4		6			
								2
6		1			5			4

		2				9		
	7		3		1		5	
4		5		7		6		3
7			5		3			6
		1				5		
6			2		7			9
5		4		3		7		8
	9		4		8		1	
		8				3		

Bud

	5		7		9		3	
7				2				4
		1	5		4	6		
3								1
	6		4		7		9	
2								7
		3	9		1	7		
6				7				5
	4		6		8		2	

Su Doku

4		9			6			3
	6			5			7	
		3				4		6
7			1		8			
	9						6	
			3		4			2
2		7				6		
	3			2			4	
8			6			2		5

		4	5				2	
5		2	1					
					2		6	5
		9	4		3		8	6
				9				
1	3		6		8	5		
7	1		3					
					1	4		3
	4				6	8		

	8		1	6				
2			7		9			
4	3	9						
	6				8			
9		5				3		7
			3				2	
						1	3	9
			4		3			8
				5	1		6	

7		4		9			1	3
1	6						9	
					5			6
		2	6		1			
3				5				2
			8		4	6		
2			9					
	9						2	8
8	4			6		1		9

	8	9		6				
2	1		5					
3			4	8				
	3	2	8					
9		8				5		7
					6	2	9	
				2	5			6
					8		4	3
				1		7	2	

			3			6	4	
1		4						
3		6	7			5	9	
			1		4	2		5
				2				
2		1	9		6			
	1	3			5	8		7
						9		4
	9	7			1			

		8	7				6	4
	7	4						3
2	3	9						
8			3	9				
			2		4			
				1	5			9
						2	9	7
1						6	8	
7	2				8	4		

		1		6				9
	9		2	7				1
6			3					
1						3		7
	6		1		7		4	
5		4						2
					2			4
9				5	4		2	
4				3		9		

2	6	1				4	3	7
7			2		3			8
	9			8			4	
	8		1		2		7	
	7			4			8	
3			4		8			2
6	2	8				3	5	4

	4		6		9			
1	6				2		9	
				1				
9				4			6	5
		3	9		8	7		
7	8			5				3
				2				
	3		1				5	6
			3		4		1	

3	7			8				4
	9				6		5	1
		6				9		
	2			5				
4			8		1			7
				2			3	
		2				7		
9	4		6				8	
8				4			9	5

					4			7
		7	5		9		8	
	5	8	2					
	7	6					9	1
				6				
5	8					6	2	
					8	5	1	
	2		6		5	3		
3			9					

2					7	5		
	4	9		5				
1		3	6		9	8		
	6			8			2	1
4	2			6			5	
		4	9		6	2		5
				4		3	7	
		7	2					4

Bud

	8		2		5			
7		3			9			
	4			7		8		
4							1	3
		1		2		6		
9	6							2
		2		6			4	
			1			9		6
			5		4		8	

85

	9		3		5		2	
1								9
		6		4		8		
		5		9		4		
8								5
		7		1		3		
		2		6		9		
7								3
	3		2		7		6	

Bud

		3	9		1	5		
	7						3	
2		5				6		1
	5			6			9	
7			1		9			3
	4			3			2	
5		7				2		9
	2						8	
		6	3		2	7		

1					6	3		4
	4			2			6	
3		2	4			9		
4						6		
	1			9			4	
		7						3
		1			4	2		9
	9			3			1	
5		8	1					7

		9	8				7	
						4		
	7	1			9			
2	5		3				9	
	1	3	5		4	8	6	
	9				2		1	5
			6			9	4	
		8						
	4				7	5		

Su Doku

3	6		5		9			2
	4				6		9	5
		9				8		
6	9		7		3			1
2			8		4		3	6
		3				6		
4	1		6				5	
5			9		2		7	4

	4			9			2	
9			4		1			6
6				7				9
	1		2		8		7	
8								3
	9		7		5		6	
4				2				1
7			5		3			4
	3			8			9	

91

			7		5	1		
	8		3			9		4
						7		
4				3				7
	7			1			2	
3				9				6
		2						
5		9			4		3	
		7	9		6			

			6	9	1			4
					7			3
	6	7		2				
		3			4	8		1
6		8				9		7
9		1	8			2		
				4		1	8	
2			7					
8			2	1	9			

	6	4		8		9	7	
9								6
3		8		4		1		2
			1	6	3			
			8	5	7			
4		6		2		3		7
7								9
	2	1		7		6	8	

4		7	6					
						1	9	
					3	4		8
				6	5		7	
	2		9		4		5	
	6		2	1				
1		5	3					
	8	4						
					9	5		3

		1		4	3			
		6	9	8			3	
3	7	8						
	1		3		8			5
7	8			6			2	3
6			5		2		4	
						7	1	6
	6			1	5	3		
			8	3		4		

Bud

	8		7	9			3	
9				4				
		1			3	2	9	
						1		3
	9			8			7	
8		5						
	2	7	4			6		
				5				8
	5			2	9		4	

9	6		4					5
			5	7				9
			9		6			
		6				9	1	7
	5						6	
7	9	1				3		
			2		5			
2				9	4			
5					7		4	8

Bud

3			4	2			9			6	
5										2	
								4			8
8			4	7						1	
	1		8			5				7	
	2			9	3						6
2		1									
	5										1
	3		6			4		5			2

2		7		1				9
			5		7			
		6		3		8		7
	1						9	
9		3				5		2
	5						7	
8		1		6		7		
			7		1			
4				8		1		5

2					5	8	4	3
6			7		3			
3								
7	8			2			5	
			5		7			
	6			3			8	9
								1
			3		6			5
4	5	6	9					8

Su Doku

101

		1	8			3		7
		8		9				
7	3							
	8	5		2			3	
2								9
	9			1		7	4	
							7	1
				6		5		
8		9			2	4		

Bud

	7	5	3		8	6	2	
	8	6					5	3	
6			7		4			8
5	1			8			6	7
7			6		1			2
	9	4				2	1	
	6	3	8		2	7	4	

4				9				2
				3				
	6		7		2		9	
	4	7				3	2	
6		9				8		1
	8	3				5	6	
	7		2		6		3	
				1				
3				8				4

2		7					3	9
6					2			
5		9			8			
8							6	
3		2				5		1
	7							4
			8			1		5
			9					6
4	6					7		2

Su Doku

	2				1			5
				2		4		
		7				9		2
8			9					
4		2				5		9
					6			4
1		4				6		
		8		7				
6			3				9	

Bud

	4	3		1			9	
		9				7	4	
2	6				9			
			8					9
8		2				3		7
6					7			
			1				7	8
	3	1				5		
	2			4		6	3	

Su Doku

		6	8	3	5	4		
		5		6				
9			2				5	3
6						5		4
8	5						3	2
3		7						8
4	2				7			5
				2		3		
		9	1	5	3	2		

						3	6	
				9	3			5
			7		6			2
	4	3	8		1		2	9
	2						8	
6	8		3		9	7	1	
5			1		2			
2			4	3				
	7	4						

Su Doku

	5	9				3	8	
4		8	3		9	7		1
2								4
			5	9	6			
	9			1			6	
			8	2	3			
1								8
9		6	7		4	2		5
	8	2				4	7	

		3			7	4		
	2						9	
7		9			5	1		6
2		6		1				
			8	2	6			
				5		6		9
8		7	5			2		3
	1						6	
		5	1			7		

Su Doku

4			8	3	1			2
		1				3		
	3						1	
	9	4	3		8	7	5	
		5		4		9		
	8	7	5		6	4	2	
	4						7	
		3				2		
8			7	5	9			3

2		5				9		8
	4				9		6	
6			7					4
	7		4		8	3		
				9				
		3	2		1		9	
7					4			6
	5		6				2	
3		4				7		1

Su Doku

			4	5		8	9	
3		9	1	6		5		
1					5	9	7	
	5	4	8					1
		3		1	7	6		8
	1	5		8	2			

Bud

	8	3			7			
	7		9				6	2
		2	4			3		1
8						5	3	
	3	4						7
9		8			3	7		
5	4				9		2	
			2			9	4	

		2		7			3	
3	7		6			8	1	
	9							7
			7		3		5	
5				4				1
	3		1		8			
2							6	
	4	6			7		8	3
	1			3		9		

Bud

		9	3		7	8		
	4		8		5		3	
		5				1		
		7	6		1	4		
2								6
		4	2		3	9		
		2				7		
	1		7		9		5	
		8	1		2	6		

	8	5				4	7	
4								2
	6	2		4		9	8	
			7		1			
		3	8		9	6		
			2		4			
	5	6		1		7	3	
8								9
	7	1				2	4	

Bud

6		7	8	2		9		3
	5			3	1		7	
8								6
	9							5
7	8						9	1
1							4	
3								9
	6		1	9			3	
9		2		5	4	6		7

				2		4		
6	5				9	1		
	3		4	5				
9					5	3	8	
			9		2			
	6	1	3					9
				1	4		3	
		5	2				7	8
		6		7				

	1	2	3				7	9
					4	8		5
5		8						
		1	5	3				
	8	9				5	2	
				1	2	7		
						1		7
8		7	2					
1	3				7	9	4	

Su Doku

			2	6	9			8
							5	
1				4	5	3		
7			8	3			9	
	3						1	
	4			1	2			5
		1	5	2				4
	9							
2			1	9	4			

		8		9	4	5	7	3
6	9							2
				8	2			
		5			1	7		
				5				
		1	7			3		
			1	7				
1							8	4
5	8	6	4	2		1		

Su Doku

		5			4			6
	3	4					1	
		2	5	7			3	
			2	8			5	
				3				
	9			6	5			
	2			5	8	3		
	7					6	8	
1			7			4		

Bud

5			1			9		
		6			4		1	
	8	2			6		3	
	4			5				
9								4
				4			5	
	7		8			5	6	
	2		4			3		
		9			2			7

						4	9	2
	4		7		5		3	8
				9				7
	2		1				8	
		4		7		5		
	7				4		6	
4				3				
9	6		8		1		4	
1	8	3						

Bud

		9					7	3
3			5					
2	4		1					
5	3					4		
		1	8	4	7	3		
		8					1	2
					2		4	9
					1			6
8	6					7		

2				8				5
					3	9		2
	9					4	1	
					1	3	5	
5	1						7	9
	3	2	9					
	2	7					3	
4		8	3					
3				6				8

Bud

	9	8		1	3			
		2	6					8
			8				9	7
4						5	1	
3								6
	6	1						2
9	8				6			
1					4	7		
			9	5		8	3	

7		3					5	1
5				1		3		
	9				2			8
		2		6				
	7		2		8		3	
				9		8		
2			6				1	
		1		7				9
3	6					4		7

Bud

2			5		4			1
4	5	3				6	9	2
		1				4		
3			1		6			4
6			9		8			7
		8				2		
5	7	2				1	4	8
1			7		2			5

Su Doku

2		9				4		6
	3			9			1	
			8		5			
	2		4		1		5	
		1				9		
	7		3		9		6	
			9		7			
	4			1			7	
7		8				1		4

Bud

1		3						
7		6			4		9	
			8			7		
		1		5				7
5			6	7	2			4
4				8		6		
		5			6			
	4		9			1		5
						8		9

Su Doku

5	4	9	8					3
								9
				4	9			6
		3		6				7
		2	4	7	5	3		
4				8		1		
3			2	5				
9								
1					8	7	3	4

Bud

3	4	5						
				4	7	9		
		9	1	5				
4	1				8	3		
			4		9			
		8	5				2	1
				8	4	1		
		3	7	6				
						6	8	7

Su Doku

						8	6	
7			3	9				
5	9			4	6	7		
		5			4			
	4			3			2	
			1			3		
		2	4	1			8	6
				2	5			1
	6	4						

5					9			2
			6		4	8		
				3		4	5	
	2						8	5
		8				6		
9	4						3	
	8	5		9				
		1	5		3			
2			1					9

	5		9		1			
		6			3			
8			4				1	
	7	1			8			2
6				9				7
9			7			3	6	
	3				6			5
			8			6		
			3		5		9	

Bud

				4				
	6		3			8	7	
	7	9			1	3		
		6	4		2		8	
7				1				2
	8		5		9	4		
		8	1			7	3	
	2	3			7		9	
				3				

						8		
	2	9			1		5	
1			9	4		3		2
						7	9	
	7		1	9	6		8	
	5	8						
2		3		5	9			7
	9		4			5	3	
		4						

				5		2		
					2	8		4
			3	6	4	1		5
				2		6		8
3								9
9		6		1				
8		1	9	4	7			
4		2	6					
		9		3				

141

		7						3
6	4		7	3		2		
3			8		2			
	6					9		
	9		3		5		7	
		8					1	
			5		4			9
		2		7	8		5	1
5						6		

Bud

		1	7					
				3		5		7
	7						8	9
				1	7	3		
9			8		3			4
		7	4	2				
2	9						6	
3		8		6				
					5	8		

5	8				7	3		6
	2			1			8	5
7								
3			1		4			
	5			3			6	
			2		5			7
								8
1	7			4			5	
4		5	8				2	1

Bud

	7			9	2	3		
3						1		7
		4						8
				3		8		9
			7		9			
2		5		4				
1						9		
8		7						4
		9	2	5			8	

4	5						9	8
2					9			1
		3	6					
		1		3	7		6	
			1		8			
	4		2	5		1		
					1	8		
8			9					5
6	1						4	7

Bud

	7	3		9		6	5	
9			3		5			8
			8					
2	3						9	6
			8		6			
6	8						1	3
			2					
1			5		3			2
	2	4		6		9	8	

	8			4			6	3
2			6					4
		4	9					
	5					4		2
4		2				7		9
8		9					5	
					3	5		
9					2			7
3	2			1			9	

Bud

9	1				6	8		2
5	8	6		3				
	7							5
			3					6
	5			2			4	
8					9			
7							9	
				9		6	5	4
1		9	4				2	7

Su Doku

	6		1		8		3	
			2		6			
9				4				1
		9	7	5	3	1		
3								8
		1	9	8	4	2		
4				3				6
			8		7			
	3		4		1		2	

	4							3
6	1							4
		9		3		2	7	
4			8		7			
				2				
			9		6			5
	9	2		4		1		
3							2	7
1							4	

Su Doku

Solutions

1

8	1	7	9	5	4	3	6	2
4	6	5	2	3	1	7	8	9
9	2	3	7	6	8	1	4	5
3	8	9	4	7	6	5	2	1
2	7	1	5	8	3	6	9	4
5	4	6	1	9	2	8	3	7
6	5	2	3	1	9	4	7	8
1	3	4	8	2	7	9	5	6
7	9	8	6	4	5	2	1	3

2

5	8	6	2	1	7	4	9	3
7	2	9	5	4	3	8	1	6
1	3	4	9	6	8	5	7	2
2	5	1	8	7	4	3	6	9
6	4	8	3	9	2	7	5	1
3	9	7	6	5	1	2	8	4
8	1	2	7	3	6	9	4	5
9	6	3	4	8	5	1	2	7
4	7	5	1	2	9	6	3	8

3

1	9	8	3	4	5	6	2	7
5	2	7	1	8	6	4	3	9
3	6	4	9	7	2	1	5	8
8	4	3	2	1	9	7	6	5
6	1	9	7	5	3	2	8	4
2	7	5	4	6	8	9	1	3
4	5	2	8	9	1	3	7	6
7	3	6	5	2	4	8	9	1
9	8	1	6	3	7	5	4	2

4

8	6	2	4	1	9	7	3	5
9	1	4	5	3	7	6	8	2
5	7	3	2	8	6	9	1	4
1	3	9	8	5	2	4	6	7
7	8	5	9	6	4	1	2	3
2	4	6	3	7	1	8	5	9
4	5	1	7	2	8	3	9	6
3	9	8	6	4	5	2	7	1
6	2	7	1	9	3	5	4	8

5

3	5	7	1	6	4	9	8	2
9	8	4	3	5	2	1	7	6
2	6	1	7	8	9	3	5	4
6	9	2	4	3	7	8	1	5
7	1	5	8	2	6	4	9	3
8	4	3	9	1	5	2	6	7
1	7	9	6	4	3	5	2	8
5	3	8	2	7	1	6	4	9
4	2	6	5	9	8	7	3	1

6

3	5	7	6	4	8	1	9	2
1	6	9	5	7	2	8	4	3
4	2	8	1	9	3	5	6	7
8	7	4	2	1	6	9	3	5
6	1	3	4	5	9	7	2	8
2	9	5	3	8	7	4	1	6
9	3	1	7	6	5	2	8	4
5	4	6	8	2	1	3	7	9
7	8	2	9	3	4	6	5	1

Solutions

7

8	1	7	9	4	3	2	5	6
5	6	4	7	8	2	3	9	1
3	2	9	1	6	5	4	7	8
6	9	5	8	2	1	7	3	4
2	7	8	3	5	4	1	6	9
4	3	1	6	9	7	5	8	2
1	8	2	5	7	9	6	4	3
9	5	3	4	1	6	8	2	7
7	4	6	2	3	8	9	1	5

8

3	6	8	9	4	5	2	7	1
2	7	9	8	6	1	5	4	3
4	5	1	7	3	2	8	6	9
8	9	2	4	5	7	3	1	6
1	4	5	6	9	3	7	2	8
6	3	7	1	2	8	9	5	4
7	2	4	3	8	6	1	9	5
9	1	3	5	7	4	6	8	2
5	8	6	2	1	9	4	3	7

9

6	9	5	2	7	3	8	1	4
3	4	8	5	6	1	9	2	7
7	1	2	9	4	8	5	3	6
4	6	9	3	5	2	1	7	8
2	5	7	1	8	4	3	6	9
8	3	1	6	9	7	2	4	5
1	7	4	8	3	5	6	9	2
5	2	6	4	1	9	7	8	3
9	8	3	7	2	6	4	5	1

10

8	7	5	6	4	9	2	1	3
4	9	3	8	1	2	5	7	6
6	2	1	3	7	5	8	4	9
3	4	6	5	2	7	1	9	8
9	8	7	4	6	1	3	2	5
5	1	2	9	8	3	7	6	4
7	3	8	1	9	4	6	5	2
2	6	4	7	5	8	9	3	1
1	5	9	2	3	6	4	8	7

11

8	9	6	1	4	5	2	7	3
4	2	1	9	7	3	5	8	6
5	7	3	8	6	2	9	4	1
2	4	9	3	1	7	6	5	8
1	3	5	6	8	4	7	9	2
7	6	8	5	2	9	3	1	4
3	1	2	7	9	8	4	6	5
6	5	7	4	3	1	8	2	9
9	8	4	2	5	6	1	3	7

12

7	3	8	2	9	5	4	1	6
2	9	4	6	7	1	8	5	3
5	1	6	8	4	3	9	7	2
4	7	3	5	8	9	6	2	1
6	8	9	3	1	2	5	4	7
1	2	5	7	6	4	3	8	9
3	4	7	1	5	6	2	9	8
8	5	2	9	3	7	1	6	4
9	6	1	4	2	8	7	3	5

13

7	5	6	8	9	2	4	3	1
8	2	9	1	3	4	5	7	6
3	1	4	5	6	7	9	8	2
9	7	3	2	5	1	6	4	8
4	6	1	3	8	9	2	5	7
2	8	5	4	7	6	1	9	3
1	3	2	7	4	5	8	6	9
5	9	8	6	2	3	7	1	4
6	4	7	9	1	8	3	2	5

14

5	8	3	7	2	9	1	4	6
7	1	2	3	4	6	9	5	8
9	4	6	1	8	5	7	2	3
2	6	8	5	7	4	3	1	9
1	3	9	8	6	2	5	7	4
4	7	5	9	3	1	6	8	2
8	9	4	6	5	7	2	3	1
6	2	7	4	1	3	8	9	5
3	5	1	2	9	8	4	6	7

15

2	5	7	4	8	1	9	6	3
9	4	1	3	6	7	2	8	5
8	3	6	5	2	9	1	7	4
7	8	4	9	3	2	5	1	6
5	2	3	1	7	6	4	9	8
1	6	9	8	4	5	7	3	2
4	9	2	6	1	8	3	5	7
6	7	5	2	9	3	8	4	1
3	1	8	7	5	4	6	2	9

16

3	2	1	4	7	6	9	8	5
6	4	8	9	1	5	2	7	3
7	5	9	3	2	8	6	1	4
8	6	4	2	9	3	7	5	1
5	3	7	1	6	4	8	9	2
9	1	2	5	8	7	4	3	6
2	8	5	6	3	9	1	4	7
1	7	3	8	4	2	5	6	9
4	9	6	7	5	1	3	2	8

17

8	2	1	4	5	3	6	9	7
6	4	7	2	1	9	8	5	3
5	3	9	7	8	6	1	4	2
2	7	6	1	3	4	9	8	5
1	9	5	8	7	2	4	3	6
4	8	3	6	9	5	7	2	1
7	5	2	9	4	1	3	6	8
9	6	8	3	2	7	5	1	4
3	1	4	5	6	8	2	7	9

18

4	5	9	3	8	7	2	1	6
7	3	8	6	2	1	9	5	4
6	2	1	5	4	9	8	3	7
5	7	6	9	3	8	4	2	1
1	8	4	2	7	5	6	9	3
3	9	2	1	6	4	5	7	8
8	1	5	7	9	6	3	4	2
2	6	7	4	5	3	1	8	9
9	4	3	8	1	2	7	6	5

Solutions

19

4	6	9	1	8	7	2	3	5
3	5	1	9	4	2	7	8	6
8	7	2	3	6	5	1	4	9
9	2	6	5	3	8	4	7	1
5	8	7	4	2	1	6	9	3
1	3	4	6	7	9	5	2	8
7	1	8	2	9	6	3	5	4
2	4	5	8	1	3	9	6	7
6	9	3	7	5	4	8	1	2

20

5	6	3	4	8	9	1	2	7
7	8	1	6	5	2	4	9	3
9	2	4	1	3	7	5	6	8
6	5	9	8	4	3	2	7	1
4	1	8	7	2	6	3	5	9
3	7	2	9	1	5	8	4	6
1	3	7	5	9	4	6	8	2
8	4	6	2	7	1	9	3	5
2	9	5	3	6	8	7	1	4

21

8	9	6	5	3	1	2	4	7
5	7	2	9	6	4	1	3	8
1	3	4	8	2	7	9	6	5
3	6	9	2	1	5	7	8	4
7	4	8	6	9	3	5	2	1
2	1	5	7	4	8	3	9	6
9	5	1	4	8	2	6	7	3
6	8	3	1	7	9	4	5	2
4	2	7	3	5	6	8	1	9

22

4	5	6	1	2	7	3	8	9
2	7	3	4	8	9	5	1	6
1	9	8	5	6	3	4	2	7
7	6	5	9	4	8	2	3	1
9	1	2	3	7	5	6	4	8
8	3	4	2	1	6	9	7	5
6	4	1	7	5	2	8	9	3
3	8	7	6	9	4	1	5	2
5	2	9	8	3	1	7	6	4

23

8	4	7	3	9	2	6	5	1
3	1	9	7	5	6	2	8	4
5	2	6	1	4	8	7	3	9
4	5	8	9	6	1	3	7	2
2	7	1	4	3	5	9	6	8
9	6	3	8	2	7	4	1	5
7	8	4	2	1	3	5	9	6
6	3	2	5	8	9	1	4	7
1	9	5	6	7	4	8	2	3

24

3	5	1	2	8	9	7	6	4
8	6	2	4	1	7	3	9	5
9	7	4	6	5	3	1	8	2
5	2	7	9	4	1	8	3	6
6	3	8	7	2	5	4	1	9
4	1	9	3	6	8	2	5	7
7	9	6	1	3	4	5	2	8
1	4	5	8	9	2	6	7	3
2	8	3	5	7	6	9	4	1

Su Doku

25

1	5	8	6	4	2	7	3	9
9	2	7	5	8	3	1	4	6
6	3	4	9	7	1	8	5	2
7	6	9	2	3	8	4	1	5
4	1	5	7	6	9	3	2	8
2	8	3	4	1	5	9	6	7
3	9	1	8	5	6	2	7	4
8	7	6	1	2	4	5	9	3
5	4	2	3	9	7	6	8	1

26

1	6	4	5	3	7	2	9	8
5	2	3	9	6	8	4	7	1
7	9	8	4	1	2	5	3	6
3	4	6	1	8	9	7	2	5
8	7	1	3	2	5	9	6	4
2	5	9	7	4	6	8	1	3
9	8	7	6	5	1	3	4	2
4	1	5	2	7	3	6	8	9
6	3	2	8	9	4	1	5	7

27

5	6	8	3	4	2	1	9	7
2	9	4	7	6	1	3	8	5
7	1	3	9	5	8	2	4	6
1	5	2	8	7	4	9	6	3
8	3	6	1	9	5	7	2	4
9	4	7	2	3	6	8	5	1
3	8	5	4	2	7	6	1	9
6	2	9	5	1	3	4	7	8
4	7	1	6	8	9	5	3	2

28

5	4	9	7	6	3	1	8	2
7	3	2	9	8	1	6	5	4
8	1	6	4	5	2	7	9	3
3	7	1	8	4	5	2	6	9
6	8	4	2	3	9	5	7	1
9	2	5	1	7	6	3	4	8
1	9	7	5	2	8	4	3	6
2	5	3	6	9	4	8	1	7
4	6	8	3	1	7	9	2	5

29

2	9	7	5	1	8	3	4	**6**
8	**6**	**3**	**4**	2	**9**	**5**	**1**	7
4	1	5	3	**7**	6	8	2	9
7	4	**9**	6	**5**	2	**1**	8	**3**
5	8	**1**	7	3	4	**6**	9	**2**
6	3	**2**	9	**8**	1	**7**	5	**4**
9	2	8	1	**6**	3	4	7	5
1	**7**	**6**	**2**	4	**5**	**9**	**3**	8
3	5	4	8	9	7	2	6	**1**

30

1	6	8	7	9	3	5	**4**	**2**
2	3	9	**5**	1	4	**6**	7	8
4	**7**	**5**	**6**	2	8	**3**	9	1
6	1	4	**2**	7	**5**	**8**	**3**	9
9	8	3	4	6	1	7	2	5
5	**2**	**7**	**8**	3	**9**	1	6	4
7	9	**1**	3	5	**2**	**4**	**8**	6
3	4	**2**	1	8	**6**	9	5	**7**
8	**5**	6	9	4	7	2	1	**3**

31

7	5	8	1	4	6	2	3	9
6	3	1	8	9	2	7	5	4
4	2	9	7	3	5	8	1	6
2	8	3	6	7	9	1	4	5
1	7	6	3	5	4	9	8	2
9	4	5	2	8	1	6	7	3
3	6	4	9	1	7	5	2	8
5	1	2	4	6	8	3	9	7
8	9	7	5	2	3	4	6	1

32

6	7	1	8	9	4	2	3	5
9	4	5	2	6	3	7	8	1
2	3	8	1	5	7	4	9	6
3	9	6	4	8	1	5	7	2
8	2	7	5	3	6	1	4	9
5	1	4	7	2	9	8	6	3
1	8	3	9	4	5	6	2	7
7	6	2	3	1	8	9	5	4
4	5	9	6	7	2	3	1	8

33

1	4	3	5	6	8	7	2	9
8	7	2	3	9	1	4	5	6
5	9	6	2	4	7	8	3	1
4	5	9	1	3	2	6	8	7
7	2	1	4	8	6	3	9	5
6	3	8	9	7	5	2	1	4
9	8	5	7	2	4	1	6	3
3	6	7	8	1	9	5	4	2
2	1	4	6	5	3	9	7	8

34

6	5	9	1	7	3	8	4	2
1	2	3	6	4	8	7	5	9
7	8	4	5	2	9	6	1	3
2	9	5	3	6	4	1	7	8
4	6	7	2	8	1	3	9	5
8	3	1	7	9	5	2	6	4
9	1	2	8	5	6	4	3	7
5	7	6	4	3	2	9	8	1
3	4	8	9	1	7	5	2	6

35

9	7	1	3	5	4	8	2	6
3	6	4	8	1	2	7	5	9
8	2	5	6	7	9	3	4	1
4	9	3	1	6	8	5	7	2
6	5	8	2	4	7	1	9	3
7	1	2	9	3	5	4	6	8
1	8	7	5	2	6	9	3	4
2	4	9	7	8	3	6	1	5
5	3	6	4	9	1	2	8	7

36

4	3	1	2	8	5	7	6	9
7	9	6	1	3	4	5	8	2
8	5	2	7	6	9	4	3	1
5	4	8	9	2	6	3	1	7
2	7	3	5	4	1	6	9	8
6	1	9	8	7	3	2	5	4
3	2	7	6	9	8	1	4	5
1	8	4	3	5	7	9	2	6
9	6	5	4	1	2	8	7	3

Su Doku

37

8	4	**3**	7	2	**6**	**5**	1	**9**
5	1	9	3	8	4	6	**2**	**7**
2	6	7	1	9	**5**	**3**	**8**	4
1	**5**	4	6	3	**8**	**9**	7	2
3	**8**	**2**	5	7	9	**4**	**6**	1
9	7	**6**	**2**	4	1	8	**3**	5
4	**2**	**8**	**9**	6	7	1	5	3
7	**9**	1	8	5	3	2	4	**6**
6	3	**5**	**4**	1	2	**7**	9	8

38

5	**1**	3	2	7	4	9	**6**	8
8	**4**	**2**	**5**	6	9	7	3	**1**
9	**6**	**7**	3	**8**	1	2	5	4
2	**7**	8	**6**	9	**5**	4	1	3
4	9	**1**	8	3	2	**6**	7	5
6	3	5	**1**	4	**7**	8	**9**	2
1	5	4	7	**2**	6	**3**	**8**	9
3	2	6	9	5	**8**	**1**	**4**	7
7	**8**	9	4	1	3	5	**2**	6

39

9	6	3	4	7	2	8	5	1
8	1	4	9	5	6	3	2	7
5	7	2	3	1	8	9	6	4
4	2	9	8	3	1	6	7	5
6	5	8	2	4	7	1	9	3
1	3	7	6	9	5	2	4	8
7	9	1	5	2	3	4	8	6
3	4	6	7	8	9	5	1	2
2	8	5	1	6	4	7	3	9

40

1	5	6	2	3	9	8	4	7
4	3	9	8	5	7	2	6	1
8	7	2	4	6	1	9	5	3
6	8	4	7	2	5	3	1	9
2	9	3	6	1	8	5	7	4
7	1	5	9	4	3	6	8	2
3	6	7	5	9	4	1	2	8
9	2	8	1	7	6	4	3	5
5	4	1	3	8	2	7	9	6

Su Doku

41

1	7	9	4	2	5	6	8	3
4	8	3	6	9	1	5	2	7
6	5	2	8	7	3	1	4	9
2	6	7	3	5	9	8	1	4
5	9	8	1	6	4	7	3	2
3	1	4	2	8	7	9	6	5
7	3	6	5	1	2	4	9	8
9	4	1	7	3	8	2	5	6
8	2	5	9	4	6	3	7	1

42

9	6	8	3	2	4	7	1	5
4	2	7	6	1	5	3	8	9
3	1	5	7	9	8	2	4	6
5	9	6	2	8	3	4	7	1
2	7	1	4	6	9	5	3	8
8	4	3	1	5	7	9	6	2
1	8	4	5	3	2	6	9	7
7	5	9	8	4	6	1	2	3
6	3	2	9	7	1	8	5	4

43

8	2	9	5	1	7	4	3	6
6	4	3	2	9	8	1	5	7
5	1	7	6	4	3	9	8	2
2	5	8	7	3	1	6	4	9
7	6	1	9	5	4	3	2	8
9	3	4	8	6	2	7	1	5
3	7	5	4	8	6	2	9	1
4	8	6	1	2	9	5	7	3
1	9	2	3	7	5	8	6	4

44

9	8	2	3	1	6	4	7	5
6	5	7	8	2	4	9	3	1
1	4	3	5	9	7	2	6	8
3	2	9	4	5	1	6	8	7
8	6	5	9	7	2	1	4	3
7	1	4	6	8	3	5	2	9
5	7	8	2	6	9	3	1	4
4	9	6	1	3	8	7	5	2
2	3	1	7	4	5	8	9	6

45

2	5	9	4	3	8	6	7	1
8	4	7	1	5	6	3	9	2
1	6	3	2	9	7	4	5	8
7	1	8	3	2	9	5	6	4
6	3	4	5	8	1	9	2	7
9	2	5	6	7	4	8	1	3
4	8	6	9	1	2	7	3	5
5	7	1	8	6	3	2	4	9
3	9	2	7	4	5	1	8	6

46

1	6	2	5	8	9	3	7	4
5	3	4	2	7	1	9	8	6
7	8	9	3	6	4	5	2	1
4	9	8	6	2	7	1	5	3
2	5	1	9	3	8	4	6	7
3	7	6	4	1	5	8	9	2
6	2	5	8	4	3	7	1	9
8	1	3	7	9	6	2	4	5
9	4	7	1	5	2	6	3	8

47

7	4	5	9	1	2	8	6	3
2	3	8	4	7	6	9	1	5
1	9	6	8	5	3	7	4	2
4	1	2	3	6	8	5	7	9
3	6	7	2	9	5	4	8	1
8	5	9	1	4	7	3	2	6
9	2	1	7	3	4	6	5	8
5	8	4	6	2	9	1	3	7
6	7	3	5	8	1	2	9	4

48

2	9	3	4	7	8	6	5	1
7	5	1	2	9	6	3	4	8
8	6	4	5	1	3	7	9	2
4	1	5	7	8	9	2	3	6
6	7	2	3	4	1	9	8	5
9	3	8	6	2	5	1	7	4
5	2	7	1	3	4	8	6	9
3	8	6	9	5	2	4	1	7
1	4	9	8	6	7	5	2	3

49

4	5	3	2	6	9	1	7	8
6	1	8	5	7	4	9	2	3
7	2	9	8	3	1	5	6	4
1	8	2	9	5	7	3	4	6
9	3	6	4	8	2	7	5	1
5	4	7	6	1	3	8	9	2
8	7	5	3	2	6	4	1	9
3	6	4	1	9	5	2	8	7
2	9	1	7	4	8	6	3	5

50

4	5	8	9	7	1	6	3	2
3	6	2	5	8	4	7	1	9
1	7	9	3	2	6	5	8	4
7	8	4	2	3	5	1	9	6
5	9	1	7	6	8	2	4	3
6	2	3	4	1	9	8	5	7
8	4	7	1	9	2	3	6	5
9	3	6	8	5	7	4	2	1
2	1	5	6	4	3	9	7	8

51

7	3	4	2	9	8	1	6	5
6	9	8	5	7	1	4	2	3
5	1	2	4	3	6	7	8	9
8	6	1	7	4	5	9	3	2
4	5	3	1	2	9	8	7	6
9	2	7	8	6	3	5	1	4
1	7	6	9	5	2	3	4	8
3	4	5	6	8	7	2	9	1
2	8	9	3	1	4	6	5	7

52

5	4	3	1	8	9	6	7	2
9	1	2	4	7	6	3	8	5
7	6	8	5	2	3	4	9	1
6	8	9	2	4	5	1	3	7
3	5	1	9	6	7	2	4	8
2	7	4	8	3	1	5	6	9
1	9	7	6	5	4	8	2	3
4	2	5	3	9	8	7	1	6
8	3	6	7	1	2	9	5	4

Su Doku

53

2	9	5	3	6	7	8	1	4
3	8	4	5	9	1	2	6	7
1	7	6	4	8	2	5	9	3
8	5	3	9	4	6	1	7	2
6	2	7	1	3	5	9	4	8
4	1	9	7	2	8	3	5	6
5	4	1	8	7	3	6	2	9
7	6	8	2	5	9	4	3	1
9	3	2	6	1	4	7	8	5

54

4	5	8	1	9	6	3	2	7
9	6	3	7	8	2	1	4	5
7	2	1	4	5	3	6	8	9
5	4	9	2	6	1	8	7	3
8	7	2	5	3	4	9	1	6
3	1	6	9	7	8	4	5	2
1	8	7	6	2	9	5	3	4
6	3	5	8	4	7	2	9	1
2	9	4	3	1	5	7	6	8

55

2	5	9	**1**	6	**7**	**8**	**3**	4
7	**4**	8	3	9	**2**	5	**1**	6
3	1	6	5	4	**8**	2	9	7
6	**3**	**7**	9	1	5	4	2	**8**
4	9	2	6	8	3	7	5	1
1	8	5	2	7	4	**9**	**6**	**3**
8	6	3	**7**	2	9	1	4	**5**
5	**2**	4	**8**	3	1	6	**7**	**9**
9	**7**	**1**	**4**	5	**6**	3	8	2

56

8	**4**	**9**	7	1	6	2	**5**	3
2	5	1	8	**3**	**9**	6	7	**4**
3	6	**7**	2	5	4	**9**	8	**1**
9	**1**	8	3	**2**	7	4	6	5
4	**3**	2	**1**	**6**	**5**	7	**9**	8
5	7	6	4	**9**	8	1	**3**	2
7	9	**3**	5	4	1	**8**	2	6
6	2	4	**9**	**8**	3	5	1	**7**
1	**8**	5	6	7	2	**3**	**4**	9

57

8	7	2	4	6	9	1	5	3
4	6	1	8	3	5	9	7	2
3	9	5	1	2	7	4	6	8
5	4	8	2	1	3	6	9	7
6	3	9	7	4	8	5	2	1
2	1	7	5	9	6	3	8	4
7	5	3	6	8	1	2	4	9
9	2	6	3	7	4	8	1	5
1	8	4	9	5	2	7	3	6

58

1	8	7	5	3	9	6	2	4
6	9	4	7	8	2	3	5	1
5	3	2	1	6	4	7	9	8
4	7	1	6	5	3	2	8	9
2	6	8	9	1	7	4	3	5
3	5	9	2	4	8	1	6	7
8	4	5	3	2	1	9	7	6
7	2	6	4	9	5	8	1	3
9	1	3	8	7	6	5	4	2

59

3	7	**1**	8	**2**	4	**5**	9	6
5	**4**	8	**1**	9	6	**3**	7	2
6	2	9	5	3	7	1	**8**	4
2	1	5	7	**8**	9	4	6	**3**
7	**6**	4	**2**	5	**3**	8	**1**	9
9	8	3	4	**6**	1	2	5	**7**
1	**5**	6	3	7	2	9	4	**8**
8	9	**2**	6	4	**5**	7	**3**	1
4	3	**7**	9	**1**	8	**6**	2	**5**

60

4	**7**	2	3	**1**	**8**	9	5	**6**
8	9	1	7	6	**5**	3	4	2
3	6	5	2	4	9	**7**	**1**	8
6	8	**4**	1	9	**7**	**5**	2	**3**
7	5	9	8	2	3	1	6	**4**
2	1	**3**	**6**	5	4	**8**	9	7
9	**4**	**8**	5	7	2	6	3	1
1	2	7	**9**	3	6	4	8	**5**
5	3	6	**4**	**8**	1	2	**7**	**9**

61

1	5	2	6	7	8	4	9	3
9	3	7	4	2	1	8	5	6
4	6	8	5	9	3	2	7	1
2	7	5	1	4	6	9	3	8
6	1	9	3	8	2	7	4	5
3	8	4	7	5	9	1	6	2
7	2	3	9	1	5	6	8	4
5	9	1	8	6	4	3	2	7
8	4	6	2	3	7	5	1	9

62

2	8	6	9	5	3	7	1	4
7	4	3	2	8	1	5	6	9
9	1	5	6	7	4	3	8	2
6	3	8	1	4	2	9	5	7
4	9	2	7	6	5	8	3	1
5	7	1	8	3	9	2	4	6
1	5	4	3	2	7	6	9	8
8	2	9	5	1	6	4	7	3
3	6	7	4	9	8	1	2	5

63

5	3	9	8	6	1	4	7	2
2	6	7	9	4	3	5	1	8
1	8	4	2	5	7	6	9	3
4	2	8	6	7	5	1	3	9
3	9	6	4	1	2	8	5	7
7	1	5	3	8	9	2	6	4
8	5	2	7	3	6	9	4	1
6	4	3	1	9	8	7	2	5
9	7	1	5	2	4	3	8	6

64

1	4	6	5	8	7	3	2	9
2	3	5	6	4	9	7	1	8
9	7	8	2	3	1	4	5	6
5	1	3	9	7	4	8	6	2
8	2	7	3	6	5	9	4	1
6	9	4	1	2	8	5	3	7
3	8	1	4	9	2	6	7	5
4	5	9	7	1	6	2	8	3
7	6	2	8	5	3	1	9	4

65

7	4	2	9	3	5	8	1	6
5	3	6	1	2	8	4	9	7
1	8	9	4	6	7	3	5	2
3	2	5	7	8	4	1	6	9
8	6	4	2	9	1	5	7	3
9	7	1	6	5	3	2	4	8
2	5	7	3	1	9	6	8	4
6	9	8	5	4	2	7	3	1
4	1	3	8	7	6	9	2	5

66

2	7	8	5	1	6	3	9	4
6	1	4	2	3	9	5	8	7
5	9	3	8	7	4	2	1	6
4	8	5	7	9	3	1	6	2
3	6	7	1	4	2	9	5	8
9	2	1	6	5	8	7	4	3
1	3	6	9	8	7	4	2	5
7	5	2	4	6	1	8	3	9
8	4	9	3	2	5	6	7	1

67

6	3	8	1	5	7	2	9	4
2	9	7	3	4	8	5	6	1
5	4	1	9	2	6	3	7	8
3	7	2	8	6	5	1	4	9
1	8	6	4	3	9	7	5	2
9	5	4	2	7	1	8	3	6
8	6	9	7	1	3	4	2	5
7	2	5	6	8	4	9	1	3
4	1	3	5	9	2	6	8	7

68

1	6	8	9	4	7	2	5	3
4	9	2	8	5	3	7	6	1
5	7	3	1	6	2	8	4	9
3	2	6	5	1	8	4	9	7
7	5	9	6	3	4	1	2	8
8	1	4	7	2	9	5	3	6
2	3	7	4	8	6	9	1	5
9	4	5	3	7	1	6	8	2
6	8	1	2	9	5	3	7	4

Su Doku

69

8	3	2	6	5	4	9	7	1
9	7	6	3	8	1	4	5	2
4	1	5	9	7	2	6	8	3
7	8	9	5	4	3	1	2	6
2	4	1	8	9	6	5	3	7
6	5	3	2	1	7	8	4	9
5	2	4	1	3	9	7	6	8
3	9	7	4	6	8	2	1	5
1	6	8	7	2	5	3	9	4

70

4	5	2	7	6	9	1	3	8
7	8	6	1	2	3	9	5	4
9	3	1	5	8	4	6	7	2
3	7	4	2	9	5	8	6	1
8	6	5	4	1	7	2	9	3
2	1	9	8	3	6	5	4	7
5	2	3	9	4	1	7	8	6
6	9	8	3	7	2	4	1	5
1	4	7	6	5	8	3	2	9

71

4	8	9	7	1	6	5	2	3
1	6	2	4	5	3	9	7	8
5	7	3	9	8	2	4	1	6
7	2	4	1	6	8	3	5	9
3	9	8	2	7	5	1	6	4
6	1	5	3	9	4	7	8	2
2	5	7	8	4	9	6	3	1
9	3	6	5	2	1	8	4	7
8	4	1	6	3	7	2	9	5

72

6	9	4	5	3	7	1	2	8
5	8	2	1	6	9	3	7	4
3	7	1	8	4	2	9	6	5
2	5	9	4	1	3	7	8	6
4	6	8	7	9	5	2	3	1
1	3	7	6	2	8	5	4	9
7	1	5	3	8	4	6	9	2
8	2	6	9	7	1	4	5	3
9	4	3	2	5	6	8	1	7

73

5	8	7	1	6	4	2	9	3
2	1	6	7	3	9	8	4	5
4	3	9	5	8	2	6	7	1
3	6	2	9	7	8	5	1	4
9	4	5	2	1	6	3	8	7
1	7	8	3	4	5	9	2	6
8	5	4	6	2	7	1	3	9
6	2	1	4	9	3	7	5	8
7	9	3	8	5	1	4	6	2

74

7	5	4	2	9	6	8	1	3
1	6	8	4	7	3	2	9	5
9	2	3	1	8	5	7	4	6
4	8	2	6	3	1	9	5	7
3	1	6	7	5	9	4	8	2
5	7	9	8	2	4	6	3	1
2	3	7	9	1	8	5	6	4
6	9	1	5	4	7	3	2	8
8	4	5	3	6	2	1	7	9

75

4	8	9	1	6	7	3	5	2
2	1	6	5	9	3	8	7	4
3	5	7	4	8	2	6	1	9
7	3	2	8	5	9	4	6	1
9	6	8	2	4	1	5	3	7
5	4	1	7	3	6	2	9	8
1	7	4	3	2	5	9	8	6
6	2	5	9	7	8	1	4	3
8	9	3	6	1	4	7	2	5

76

5	7	9	3	1	8	6	4	2
1	2	4	5	6	9	7	8	3
3	8	6	7	4	2	5	9	1
9	6	8	1	7	4	2	3	5
7	4	5	8	2	3	1	6	9
2	3	1	9	5	6	4	7	8
6	1	3	4	9	5	8	2	7
8	5	2	6	3	7	9	1	4
4	9	7	2	8	1	3	5	6

77

5	1	**8**	**7**	2	3	9	**6**	**4**
6	**7**	**4**	8	5	9	1	2	**3**
2	**3**	**9**	1	4	6	7	5	8
8	6	1	**3**	**9**	7	5	4	2
9	5	7	**2**	8	**4**	3	1	6
3	4	2	6	**1**	**5**	8	7	**9**
4	8	6	5	3	1	**2**	**9**	**7**
1	9	3	4	7	2	**6**	**8**	5
7	**2**	5	9	6	**8**	**4**	3	1

78

2	5	**1**	4	**6**	8	7	3	**9**
8	**9**	3	**2**	**7**	5	4	6	**1**
6	4	7	**3**	1	9	2	8	5
1	8	2	5	4	6	**3**	9	**7**
3	**6**	9	**1**	2	**7**	5	**4**	8
5	7	**4**	9	8	3	6	1	**2**
7	3	8	6	9	**2**	1	5	**4**
9	1	6	7	**5**	**4**	8	**2**	3
4	2	5	8	**3**	1	**9**	7	6

79

8	3	9	6	7	4	1	2	5
2	**6**	**1**	8	5	9	**4**	**3**	**7**
7	5	4	**2**	1	**3**	9	6	**8**
1	**9**	2	5	**8**	7	6	**4**	3
4	**8**	6	**1**	3	**2**	5	**7**	9
5	**7**	3	9	**4**	6	2	**8**	1
3	1	5	**4**	6	**8**	7	9	**2**
6	**2**	**8**	7	9	1	**3**	**5**	**4**
9	4	7	3	2	5	8	1	6

80

5	**4**	8	**6**	7	**9**	1	3	2
1	**6**	7	8	3	**2**	5	**9**	4
3	9	2	4	**1**	5	6	8	7
9	2	1	7	**4**	3	8	**6**	5
4	5	**3**	9	6	**8**	7	2	1
7	**8**	6	2	**5**	1	9	4	**3**
8	1	4	5	**2**	6	3	7	9
2	**3**	9	**1**	8	7	4	**5**	6
6	7	5	**3**	9	**4**	2	**1**	8

Su Doku

81

3	7	1	5	8	9	2	6	4
2	9	4	7	3	6	8	5	1
5	8	6	2	1	4	9	7	3
7	2	8	4	5	3	6	1	9
4	3	9	8	6	1	5	2	7
6	1	5	9	2	7	4	3	8
1	5	2	3	9	8	7	4	6
9	4	3	6	7	5	1	8	2
8	6	7	1	4	2	3	9	5

82

6	3	2	1	8	4	9	5	7
1	4	7	5	3	9	2	8	6
9	5	8	2	7	6	1	4	3
2	7	6	4	5	3	8	9	1
4	9	1	8	6	2	7	3	5
5	8	3	7	9	1	6	2	4
7	6	9	3	4	8	5	1	2
8	2	4	6	1	5	3	7	9
3	1	5	9	2	7	4	6	8

83

2	8	6	4	1	7	5	3	9
7	4	9	8	5	3	1	6	2
1	5	3	6	2	9	8	4	7
9	6	5	3	8	4	7	2	1
3	7	1	5	9	2	4	8	6
4	2	8	7	6	1	9	5	3
8	3	4	9	7	6	2	1	5
6	9	2	1	4	5	3	7	8
5	1	7	2	3	8	6	9	4

84

6	8	9	2	4	5	1	3	7
7	1	3	6	8	9	5	2	4
2	4	5	3	7	1	8	6	9
4	2	8	9	5	6	7	1	3
5	3	1	4	2	7	6	9	8
9	6	7	8	1	3	4	5	2
1	9	2	7	6	8	3	4	5
8	5	4	1	3	2	9	7	6
3	7	6	5	9	4	2	8	1

85

4	9	8	3	7	5	6	2	1
1	7	3	8	2	6	5	4	9
2	5	6	9	4	1	8	3	7
3	1	5	7	9	2	4	8	6
8	2	9	6	3	4	7	1	5
6	4	7	5	1	8	3	9	2
5	8	2	1	6	3	9	7	4
7	6	1	4	8	9	2	5	3
9	3	4	2	5	7	1	6	8

86

4	6	3	9	2	1	5	7	8
1	7	8	6	4	5	9	3	2
2	9	5	8	7	3	6	4	1
3	5	1	2	6	4	8	9	7
7	8	2	1	5	9	4	6	3
6	4	9	7	3	8	1	2	5
5	3	7	4	8	6	2	1	9
9	2	4	5	1	7	3	8	6
8	1	6	3	9	2	7	5	4

87

1	7	5	9	8	6	3	2	4
8	4	9	7	2	3	5	6	1
3	6	2	4	5	1	9	7	8
4	8	3	5	1	7	6	9	2
2	1	6	3	9	8	7	4	5
9	5	7	6	4	2	1	8	3
6	3	1	8	7	4	2	5	9
7	9	4	2	3	5	8	1	6
5	2	8	1	6	9	4	3	7

88

4	2	9	8	5	6	1	7	3
6	8	5	1	7	3	4	2	9
3	7	1	2	4	9	6	5	8
2	5	6	3	8	1	7	9	4
7	1	3	5	9	4	8	6	2
8	9	4	7	6	2	3	1	5
5	3	7	6	2	8	9	4	1
9	6	8	4	1	5	2	3	7
1	4	2	9	3	7	5	8	6

Su Doku

89

3	**6**	8	**5**	7	**9**	1	4	**2**
1	**4**	2	3	8	**6**	7	**9**	**5**
7	5	**9**	2	4	1	**8**	6	3
6	**9**	5	**7**	2	**3**	4	8	**1**
8	3	4	1	6	5	9	2	7
2	7	1	**8**	9	**4**	5	**3**	**6**
9	2	**3**	4	5	7	**6**	1	8
4	**1**	7	**6**	3	8	2	**5**	9
5	8	6	**9**	1	**2**	3	**7**	**4**

90

1	**4**	3	8	**9**	6	5	**2**	7
9	7	2	**4**	5	**1**	8	3	**6**
6	8	5	3	**7**	2	4	1	**9**
3	**1**	6	**2**	4	**8**	9	**7**	5
8	5	7	1	6	9	2	4	**3**
2	**9**	4	**7**	3	**5**	1	**6**	8
4	6	8	9	**2**	7	3	5	**1**
7	2	9	**5**	1	**3**	6	8	**4**
5	**3**	1	6	**8**	4	7	**9**	2

91

2	9	4	7	6	5	1	8	3
7	8	5	3	2	1	9	6	4
1	6	3	8	4	9	7	5	2
4	5	1	6	3	2	8	9	7
9	7	6	4	1	8	3	2	5
3	2	8	5	9	7	4	1	6
6	4	2	1	8	3	5	7	9
5	1	9	2	7	4	6	3	8
8	3	7	9	5	6	2	4	1

92

3	8	5	6	9	1	7	2	4
4	9	2	5	8	7	6	1	3
1	6	7	4	2	3	5	9	8
7	2	3	9	6	4	8	5	1
6	5	8	1	3	2	9	4	7
9	4	1	8	7	5	2	3	6
5	7	9	3	4	6	1	8	2
2	1	4	7	5	8	3	6	9
8	3	6	2	1	9	4	7	5

93

1	6	4	2	8	5	9	7	3
9	5	2	7	3	1	8	4	6
3	7	8	9	4	6	1	5	2
8	4	7	1	6	3	2	9	5
6	1	5	4	9	2	7	3	8
2	3	9	8	5	7	4	6	1
4	9	6	5	2	8	3	1	7
7	8	3	6	1	4	5	2	9
5	2	1	3	7	9	6	8	4

94

4	1	7	6	9	8	2	3	5
8	3	6	5	4	2	1	9	7
2	5	9	1	7	3	4	6	8
9	4	1	8	6	5	3	7	2
7	2	8	9	3	4	6	5	1
5	6	3	2	1	7	8	4	9
1	9	5	3	2	6	7	8	4
3	8	4	7	5	1	9	2	6
6	7	2	4	8	9	5	1	3

95

5	9	1	2	4	3	8	6	7
2	4	6	9	8	7	5	3	1
3	7	8	6	5	1	2	9	4
4	1	2	3	9	8	6	7	5
7	8	5	1	6	4	9	2	3
6	3	9	5	7	2	1	4	8
8	5	3	4	2	9	7	1	6
9	6	4	7	1	5	3	8	2
1	2	7	8	3	6	4	5	9

96

5	8	2	7	9	1	4	3	6
9	3	6	5	4	2	8	1	7
7	4	1	8	6	3	2	9	5
2	6	4	9	7	5	1	8	3
1	9	3	2	8	6	5	7	4
8	7	5	1	3	4	9	6	2
3	2	7	4	1	8	6	5	9
4	1	9	6	5	7	3	2	8
6	5	8	3	2	9	7	4	1

Su Doku

97

9	**6**	8	**4**	2	3	1	7	**5**
4	2	3	**5**	**7**	1	6	8	**9**
1	7	5	**9**	8	**6**	4	2	3
8	4	**6**	3	5	2	**9**	**1**	**7**
3	**5**	2	7	1	9	8	**6**	4
7	**9**	**1**	6	4	8	**3**	5	2
6	8	4	**2**	3	**5**	7	9	1
2	1	7	8	**9**	**4**	5	3	6
5	3	9	1	6	**7**	2	**4**	**8**

98

3	7	**4**	**2**	8	**9**	1	**6**	5
5	8	6	3	4	1	7	**2**	9
1	9	2	7	5	6	**4**	3	**8**
8	6	5	**4**	**7**	2	9	**1**	3
9	**1**	3	**8**	6	**5**	2	**7**	4
4	**2**	7	1	**9**	**3**	8	5	**6**
2	4	**1**	5	3	8	6	9	7
6	**5**	8	9	2	7	3	4	**1**
7	**3**	9	**6**	1	**4**	**5**	8	**2**

99

2	3	7	6	1	8	4	5	9
1	8	4	5	9	7	2	3	6
5	9	6	2	3	4	8	1	7
7	1	2	8	5	3	6	9	4
9	4	3	1	7	6	5	8	2
6	5	8	4	2	9	3	7	1
8	2	1	9	6	5	7	4	3
3	6	5	7	4	1	9	2	8
4	7	9	3	8	2	1	6	5

100

2	7	9	1	6	5	8	4	3
6	4	8	7	9	3	5	1	2
3	1	5	2	4	8	9	6	7
7	8	3	6	2	9	1	5	4
1	9	4	5	8	7	2	3	6
5	6	2	4	3	1	7	8	9
9	3	7	8	5	4	6	2	1
8	2	1	3	7	6	4	9	5
4	5	6	9	1	2	3	7	8

101

9	4	1	8	5	6	3	2	7
5	2	8	3	9	7	6	1	4
7	3	6	2	4	1	9	8	5
4	8	5	7	2	9	1	3	6
2	1	7	6	3	4	8	5	9
6	9	3	5	1	8	7	4	2
3	6	4	9	8	5	2	7	1
1	7	2	4	6	3	5	9	8
8	5	9	1	7	2	4	6	3

102

3	2	1	4	6	5	8	7	9
9	7	5	3	1	8	6	2	4
4	8	6	2	7	9	5	3	1
6	3	9	7	2	4	1	5	8
5	1	2	9	8	3	4	6	7
7	4	8	6	5	1	3	9	2
8	9	4	5	3	7	2	1	6
1	6	3	8	9	2	7	4	5
2	5	7	1	4	6	9	8	3

103

4	3	5	6	9	8	7	1	2
7	9	2	1	3	4	6	5	8
8	6	1	7	5	2	4	9	3
5	4	7	8	6	1	3	2	9
6	2	9	5	7	3	8	4	1
1	8	3	4	2	9	5	6	7
9	7	8	2	4	6	1	3	5
2	5	4	3	1	7	9	8	6
3	1	6	9	8	5	2	7	4

104

2	8	7	1	4	5	6	3	9
6	3	1	7	9	2	4	5	8
5	4	9	6	3	8	2	1	7
8	5	4	2	7	1	9	6	3
3	9	2	4	8	6	5	7	1
1	7	6	3	5	9	8	2	4
9	2	3	8	6	7	1	4	5
7	1	5	9	2	4	3	8	6
4	6	8	5	1	3	7	9	2

105

9	2	6	4	3	1	7	8	5
5	8	1	7	2	9	4	6	3
3	4	7	5	6	8	9	1	2
8	5	3	9	4	7	1	2	6
4	6	2	1	8	3	5	7	9
7	1	9	2	5	6	8	3	4
1	3	4	8	9	2	6	5	7
2	9	8	6	7	5	3	4	1
6	7	5	3	1	4	2	9	8

106

5	4	3	7	1	6	8	9	2
1	8	9	2	5	3	7	4	6
2	6	7	4	8	9	1	5	3
3	7	5	8	2	1	4	6	9
8	9	2	5	6	4	3	1	7
6	1	4	3	9	7	2	8	5
4	5	6	1	3	2	9	7	8
9	3	1	6	7	8	5	2	4
7	2	8	9	4	5	6	3	1

Solutions

107

1	7	6	8	3	5	4	2	9
2	3	5	9	6	4	7	8	1
9	4	8	2	7	1	6	5	3
6	1	2	3	8	9	5	7	4
8	5	4	7	1	6	9	3	2
3	9	7	5	4	2	1	6	8
4	2	3	6	9	7	8	1	5
5	6	1	4	2	8	3	9	7
7	8	9	1	5	3	2	4	6

108

4	9	2	5	1	8	3	6	7
1	6	7	2	9	3	8	4	5
3	5	8	7	4	6	1	9	2
7	4	3	8	5	1	6	2	9
9	2	1	6	7	4	5	8	3
6	8	5	3	2	9	7	1	4
5	3	9	1	8	2	4	7	6
2	1	6	4	3	7	9	5	8
8	7	4	9	6	5	2	3	1

Su Doku

109

7	5	9	1	4	2	3	8	6
4	6	8	3	5	9	7	2	1
2	1	3	6	7	8	9	5	4
8	2	4	5	9	6	1	3	7
3	9	5	4	1	7	8	6	2
6	7	1	8	2	3	5	4	9
1	4	7	2	3	5	6	9	8
9	3	6	7	8	4	2	1	5
5	8	2	9	6	1	4	7	3

110

1	5	3	6	9	7	4	8	2
6	2	8	4	3	1	5	9	7
7	4	9	2	8	5	1	3	6
2	7	6	9	1	3	8	5	4
5	9	4	8	2	6	3	7	1
3	8	1	7	5	4	6	2	9
8	6	7	5	4	9	2	1	3
4	1	2	3	7	8	9	6	5
9	3	5	1	6	2	7	4	8

111

4	7	6	8	3	1	5	9	2
9	2	1	4	6	5	3	8	7
5	3	8	9	7	2	6	1	4
2	9	4	3	1	8	7	5	6
6	1	5	2	4	7	9	3	8
3	8	7	5	9	6	4	2	1
1	4	9	6	2	3	8	7	5
7	5	3	1	8	4	2	6	9
8	6	2	7	5	9	1	4	3

112

2	3	5	1	4	6	9	7	8
1	4	7	5	8	9	2	6	3
6	9	8	7	3	2	1	5	4
9	7	2	4	6	8	3	1	5
5	1	6	3	9	7	8	4	2
4	8	3	2	5	1	6	9	7
7	2	9	8	1	4	5	3	6
8	5	1	6	7	3	4	2	9
3	6	4	9	2	5	7	8	1

113

2	6	1	4	5	3	8	9	7
3	7	9	1	6	8	5	2	4
5	4	8	7	2	9	1	6	3
1	8	2	3	4	5	9	7	6
6	3	7	2	9	1	4	8	5
9	5	4	8	7	6	2	3	1
8	9	6	5	3	4	7	1	2
4	2	3	9	1	7	6	5	8
7	1	5	6	8	2	3	4	9

114

1	8	3	6	2	7	4	9	5
4	7	5	9	3	1	8	6	2
6	9	2	4	8	5	3	7	1
8	6	9	7	1	2	5	3	4
7	5	1	3	6	4	2	8	9
2	3	4	5	9	8	6	1	7
9	2	8	1	4	3	7	5	6
5	4	6	8	7	9	1	2	3
3	1	7	2	5	6	9	4	8

115

8	5	2	4	7	1	6	3	9
3	7	4	6	9	5	8	1	2
6	9	1	3	8	2	5	4	7
1	2	9	7	6	3	4	5	8
5	6	8	2	4	9	3	7	1
4	3	7	1	5	8	2	9	6
2	8	3	9	1	4	7	6	5
9	4	6	5	2	7	1	8	3
7	1	5	8	3	6	9	2	4

116

6	2	9	3	1	7	8	4	5
7	4	1	8	6	5	2	3	9
3	8	5	9	2	4	1	6	7
8	5	7	6	9	1	4	2	3
2	9	3	4	7	8	5	1	6
1	6	4	2	5	3	9	7	8
9	3	2	5	4	6	7	8	1
4	1	6	7	8	9	3	5	2
5	7	8	1	3	2	6	9	4

117

1	8	5	9	2	6	4	7	3
4	3	9	1	8	7	5	6	2
7	6	2	3	4	5	9	8	1
5	9	8	7	6	1	3	2	4
2	4	3	8	5	9	6	1	7
6	1	7	2	3	4	8	9	5
9	5	6	4	1	2	7	3	8
8	2	4	6	7	3	1	5	9
3	7	1	5	9	8	2	4	6

118

6	4	7	8	2	5	9	1	3
2	5	9	6	3	1	8	7	4
8	3	1	4	7	9	5	2	6
4	9	3	7	1	8	2	6	5
7	8	6	5	4	2	3	9	1
1	2	5	9	6	3	7	4	8
3	7	4	2	8	6	1	5	9
5	6	8	1	9	7	4	3	2
9	1	2	3	5	4	6	8	7

119

1	9	8	7	2	6	4	5	3
6	5	4	8	3	9	1	2	7
7	3	2	4	5	1	8	9	6
9	4	7	1	6	5	3	8	2
5	8	3	9	4	2	7	6	1
2	6	1	3	8	7	5	4	9
8	7	9	6	1	4	2	3	5
4	1	5	2	9	3	6	7	8
3	2	6	5	7	8	9	1	4

120

6	1	2	3	8	5	4	7	9
9	7	3	1	2	4	8	6	5
5	4	8	7	6	9	2	1	3
7	2	1	5	3	8	6	9	4
3	8	9	4	7	6	5	2	1
4	6	5	9	1	2	7	3	8
2	5	4	6	9	3	1	8	7
8	9	7	2	4	1	3	5	6
1	3	6	8	5	7	9	4	2

121

5	7	3	2	6	9	1	4	8
4	6	9	3	8	1	2	5	7
1	2	8	7	4	5	3	6	9
7	1	5	8	3	6	4	9	2
9	3	2	4	5	7	8	1	6
8	4	6	9	1	2	7	3	5
6	8	1	5	2	3	9	7	4
3	9	4	6	7	8	5	2	1
2	5	7	1	9	4	6	8	3

122

2	1	8	6	9	4	5	7	3
6	9	3	5	1	7	8	4	2
7	5	4	3	8	2	9	6	1
4	6	5	8	3	1	7	2	9
3	7	9	2	5	6	4	1	8
8	2	1	7	4	9	3	5	6
9	4	2	1	7	8	6	3	5
1	3	7	9	6	5	2	8	4
5	8	6	4	2	3	1	9	7

123

7	8	5	3	1	4	9	2	6
6	3	4	8	9	2	5	1	7
9	1	2	5	7	6	8	3	4
3	4	6	2	8	7	1	5	9
2	5	1	4	3	9	7	6	8
8	9	7	1	6	5	2	4	3
4	2	9	6	5	8	3	7	1
5	7	3	9	4	1	6	8	2
1	6	8	7	2	3	4	9	5

124

5	3	4	1	2	8	9	7	6
7	9	6	5	3	4	2	1	8
1	8	2	7	9	6	4	3	5
3	4	8	2	5	7	6	9	1
9	1	5	6	8	3	7	2	4
2	6	7	9	4	1	8	5	3
4	7	3	8	1	9	5	6	2
6	2	1	4	7	5	3	8	9
8	5	9	3	6	2	1	4	7

125

7	1	5	3	6	8	**4**	**9**	**2**
2	**4**	9	**7**	1	**5**	6	**3**	**8**
6	3	8	4	**9**	2	1	5	**7**
3	**2**	6	**1**	5	9	7	**8**	4
8	9	**4**	6	**7**	3	**5**	2	1
5	**7**	1	2	8	**4**	9	**6**	3
4	5	2	9	**3**	7	8	1	6
9	**6**	7	**8**	2	**1**	3	**4**	5
1	**8**	**3**	5	4	6	2	7	9

126

6	1	**9**	4	2	8	5	**7**	**3**
3	8	7	**5**	9	6	1	2	4
2	**4**	5	**1**	7	3	6	9	8
5	**3**	6	2	1	9	**4**	8	7
9	2	**1**	8	**4**	7	**3**	6	5
4	7	**8**	6	3	5	9	**1**	**2**
1	5	3	7	6	**2**	8	**4**	9
7	9	4	3	8	**1**	2	5	**6**
8	**6**	2	9	5	4	**7**	3	1

127

2	4	3	1	8	9	7	6	5
6	7	1	5	4	3	9	8	2
8	9	5	6	2	7	4	1	3
9	8	4	2	7	1	3	5	6
5	1	6	4	3	8	2	7	9
7	3	2	9	5	6	8	4	1
1	2	7	8	9	5	6	3	4
4	6	8	3	1	2	5	9	7
3	5	9	7	6	4	1	2	8

128

7	9	8	4	1	3	6	2	5
5	1	2	6	9	7	3	4	8
6	4	3	8	2	5	1	9	7
4	2	9	7	6	8	5	1	3
3	5	7	1	4	2	9	8	6
8	6	1	5	3	9	4	7	2
9	8	4	3	7	6	2	5	1
1	3	5	2	8	4	7	6	9
2	7	6	9	5	1	8	3	4

Su Doku

129

7	2	**3**	9	8	4	6	**5**	**1**
5	4	8	7	**1**	6	**3**	9	2
1	**9**	6	5	3	**2**	7	4	**8**
8	3	**2**	4	**6**	1	9	7	5
9	**7**	4	**2**	5	**8**	1	**3**	6
6	1	5	3	**9**	7	**8**	2	4
2	8	7	**6**	4	9	5	**1**	3
4	5	**1**	8	**7**	3	2	6	**9**
3	**6**	9	1	2	5	**4**	8	**7**

130

2	6	9	**5**	3	**4**	7	8	**1**
4	**5**	**3**	8	7	1	**6**	**9**	**2**
7	8	**1**	2	6	9	**4**	5	3
3	9	7	**1**	5	**6**	8	2	**4**
8	1	4	3	2	7	5	6	9
6	2	5	**9**	4	**8**	3	1	**7**
9	3	**8**	4	1	5	**2**	7	6
5	**7**	**2**	6	9	3	**1**	**4**	**8**
1	4	6	**7**	8	**2**	9	3	**5**

131

2	5	9	1	7	3	4	8	6
8	3	7	6	9	4	5	1	2
4	1	6	8	2	5	3	9	7
9	2	3	4	6	1	7	5	8
6	8	1	7	5	2	9	4	3
5	7	4	3	8	9	2	6	1
1	6	2	9	4	7	8	3	5
3	4	5	2	1	8	6	7	9
7	9	8	5	3	6	1	2	4

132

1	8	3	2	9	7	5	4	6
7	5	6	1	3	4	2	9	8
9	2	4	8	6	5	7	3	1
2	6	1	4	5	9	3	8	7
5	3	8	6	7	2	9	1	4
4	7	9	3	8	1	6	5	2
8	9	5	7	1	6	4	2	3
3	4	7	9	2	8	1	6	5
6	1	2	5	4	3	8	7	9

133

5	4	9	8	1	6	2	7	3
7	6	1	5	2	3	8	4	9
2	3	8	7	4	9	5	1	6
8	5	3	9	6	1	4	2	7
6	1	2	4	7	5	3	9	8
4	9	7	3	8	2	1	6	5
3	7	6	2	5	4	9	8	1
9	8	4	1	3	7	6	5	2
1	2	5	6	9	8	7	3	4

134

3	4	5	6	9	2	7	1	8
2	6	1	8	4	7	9	5	3
7	8	9	1	5	3	2	6	4
4	1	6	2	7	8	3	9	5
5	3	2	4	1	9	8	7	6
9	7	8	5	3	6	4	2	1
6	5	7	9	8	4	1	3	2
8	2	3	7	6	1	5	4	9
1	9	4	3	2	5	6	8	7

135

4	2	3	5	7	1	8	6	9
7	1	6	3	9	8	2	5	4
5	9	8	2	4	6	7	1	3
2	3	5	8	6	4	1	9	7
8	4	1	7	3	9	6	2	5
6	7	9	1	5	2	3	4	8
3	5	2	4	1	7	9	8	6
9	8	7	6	2	5	4	3	1
1	6	4	9	8	3	5	7	2

136

5	6	4	8	1	9	3	7	2
7	3	2	6	5	4	8	9	1
8	1	9	7	3	2	4	5	6
1	2	7	3	4	6	9	8	5
3	5	8	9	7	1	6	2	4
9	4	6	2	8	5	1	3	7
6	8	5	4	9	7	2	1	3
4	9	1	5	2	3	7	6	8
2	7	3	1	6	8	5	4	9

137

3	5	4	9	8	1	7	2	6
7	1	6	2	5	3	4	8	9
8	9	2	4	6	7	5	1	3
4	7	1	6	3	8	9	5	2
6	8	3	5	9	2	1	4	7
9	2	5	7	1	4	3	6	8
2	3	9	1	4	6	8	7	5
5	4	7	8	2	9	6	3	1
1	6	8	3	7	5	2	9	4

138

8	3	1	7	4	6	2	5	9
2	6	4	3	9	5	8	7	1
5	7	9	2	8	1	3	4	6
9	1	6	4	7	2	5	8	3
7	4	5	8	1	3	9	6	2
3	8	2	5	6	9	4	1	7
6	9	8	1	2	4	7	3	5
4	2	3	6	5	7	1	9	8
1	5	7	9	3	8	6	2	4

139

4	3	5	2	6	7	**8**	1	9
7	**2**	**9**	3	8	**1**	6	**5**	4
1	8	6	**9**	**4**	5	**3**	7	**2**
6	4	1	5	2	8	**7**	**9**	3
3	**7**	2	**1**	**9**	6	4	**8**	5
9	**5**	**8**	7	3	4	2	6	1
2	6	**3**	8	**5**	9	1	4	**7**
8	**9**	7	**4**	1	2	**5**	**3**	6
5	1	**4**	6	7	3	9	2	8

140

6	4	7	1	**5**	8	**2**	9	3
5	1	3	7	9	**2**	**8**	6	**4**
2	9	8	**3**	6	**4**	**1**	7	**5**
1	7	5	4	**2**	9	**6**	3	**8**
3	2	4	8	7	6	5	1	**9**
9	8	**6**	5	**1**	3	7	4	2
8	5	**1**	**9**	**4**	**7**	3	2	6
4	3	**2**	**6**	8	1	9	5	7
7	6	**9**	2	**3**	5	4	8	1

Su Doku

141

8	2	**7**	4	5	9	1	6	**3**
6	**4**	5	**7**	**3**	1	**2**	9	8
3	1	9	**8**	6	**2**	5	4	7
4	**6**	3	1	8	7	**9**	2	5
2	**9**	1	**3**	4	**5**	8	**7**	6
7	5	**8**	2	9	6	3	**1**	4
1	8	6	**5**	2	**4**	7	3	**9**
9	3	**2**	6	**7**	**8**	4	**5**	**1**
5	7	4	9	1	3	**6**	8	2

142

5	2	**1**	**7**	8	9	6	4	3
4	8	9	6	**3**	2	**5**	1	**7**
6	**7**	3	5	4	1	2	**8**	**9**
8	5	4	9	**1**	**7**	**3**	2	6
9	6	2	**8**	5	**3**	1	7	**4**
1	3	**7**	**4**	**2**	6	9	5	8
2	**9**	5	3	7	8	4	**6**	1
3	1	**8**	2	**6**	4	7	9	5
7	4	6	1	9	**5**	**8**	3	2

143

5	8	4	9	2	7	3	1	6
9	2	3	4	1	6	7	8	5
7	1	6	3	5	8	2	4	9
3	6	7	1	8	4	5	9	2
2	5	1	7	3	9	8	6	4
8	4	9	2	6	5	1	3	7
6	3	2	5	9	1	4	7	8
1	7	8	6	4	2	9	5	3
4	9	5	8	7	3	6	2	1

144

5	7	8	1	9	2	3	4	6
3	6	2	5	8	4	1	9	7
9	1	4	3	6	7	2	5	8
7	4	1	6	3	5	8	2	9
6	8	3	7	2	9	4	1	5
2	9	5	8	4	1	6	7	3
1	5	6	4	7	8	9	3	2
8	2	7	9	1	3	5	6	4
4	3	9	2	5	6	7	8	1

145

4	5	7	3	1	2	6	9	8
2	6	8	7	4	9	5	3	1
1	9	3	6	8	5	4	7	2
5	8	1	4	3	7	2	6	9
3	2	6	1	9	8	7	5	4
7	4	9	2	5	6	1	8	3
9	3	4	5	7	1	8	2	6
8	7	2	9	6	4	3	1	5
6	1	5	8	2	3	9	4	7

146

8	7	3	4	9	2	6	5	1
9	6	1	3	7	5	2	4	8
5	4	2	6	8	1	3	7	9
2	3	5	7	1	4	8	9	6
4	1	9	8	3	6	5	2	7
6	8	7	2	5	9	4	1	3
7	5	6	9	2	8	1	3	4
1	9	8	5	4	3	7	6	2
3	2	4	1	6	7	9	8	5

147

5	8	7	2	4	1	9	6	3
2	9	3	6	7	5	8	1	4
1	6	4	9	3	8	2	7	5
6	5	1	7	8	9	4	3	2
4	3	2	1	5	6	7	8	9
8	7	9	3	2	4	1	5	6
7	4	6	8	9	3	5	2	1
9	1	8	5	6	2	3	4	7
3	2	5	4	1	7	6	9	8

148

9	1	4	5	7	6	8	3	2
5	8	6	9	3	2	4	7	1
3	7	2	8	1	4	9	6	5
4	9	1	3	5	7	2	8	6
6	5	3	1	2	8	7	4	9
8	2	7	6	4	9	5	1	3
7	4	5	2	6	3	1	9	8
2	3	8	7	9	1	6	5	4
1	6	9	4	8	5	3	2	7

149

5	6	4	1	7	8	9	3	2
8	1	3	2	9	6	4	5	7
9	7	2	3	4	5	6	8	1
2	8	9	7	5	3	1	6	4
3	4	7	6	1	2	5	9	8
6	5	1	9	8	4	2	7	3
4	2	8	5	3	9	7	1	6
1	9	6	8	2	7	3	4	5
7	3	5	4	6	1	8	2	9

150

2	4	7	6	9	5	8	1	3
6	1	3	2	7	8	9	5	4
8	5	9	4	3	1	2	7	6
4	3	1	8	5	7	6	9	2
9	6	5	3	2	4	7	8	1
7	2	8	9	1	6	4	3	5
5	9	2	7	4	3	1	6	8
3	8	4	1	6	9	5	2	7
1	7	6	5	8	2	3	4	9